Carnets de l'île d'Orléans

Sur l'île d'Orléans
nous irons nous promener
des pas dans le calme

Au temps des cerises
nous irons jouer dans l'île
le coeur amoureux

AQUARELLES DE FABER
HAÏKUS DE LISE JULIEN ET MARC LEBEL

Carnets de l'île d'Orléans

Catalogage avant publication de Bibliothèque et Archives Canada

Faber, 1950-

Carnets de l'île d'Orléans

ISBN 2-922265-37-4

1. Orléans, Île d' (Québec) - Ouvrages illustrés. 2. Orléans, Île d' (Québec) - Poésie. I. Lebel, Marc, 1948- .
II. Julien, Lise, 1937- . III. Titre.

FC2945.O74F32 2006 917.14'47600222 C2006-940701-0

Typographie et mise en pages : **Ardecom inc.** (Trisha-Jane Esteban)

Distribution pour le Canada :
Diffusion Dimedia
539, boul. Lebeau
Saint-Laurent (Québec) H4N 1S2

LES HEURES BLEUES
C.P. 219, Succ. De Lorimier
Montréal
H2H 2N6

Dépôt légal - Bibliothèque et Archives nationales du Québec, 2006

Les Heures bleues reçoivent pour leur programme de publication l'aide du Conseil des Arts du Canada et de la Société de développement des entreprises culturelles du Québec (SODEC). Les Heures bleues bénéficient du Programme de crédit d'impôt pour l'édition de livres du Gouvernement du Québec, géré par la SODEC.

Préface

L'île d'Orléans, belle comme une cathédrale, selon Félix, l'île paysanne couverte d'ocre et de couchers de soleil rougeoyants, selon Horatio Walker, l'île des traditions ancestrales et des souvenirs de famille, l'île, toujours vivante, retrouve sous le pinceau de Faber et la plume de Lise Julien et de Marc Lebel, les couleurs vives et les accents touchants de sa jeunesse.

Paul Hébert

7 mars 2006

Traversant le pont
Écoute l’écho d’ici
et ouvre ton cœur

Le repos des oies
escale pendant le vol
la pause santé

Fais le tour de l’île !
Fais-en le tour à ton gré
c’est un tour de vie !

De tes pas rythmés
de l’enfance à la vieillesse
chemin d’insulaire

Connaître l'histoire
à lire une corde à linge
battue par le vent

Petite famille
le papa   la maman ours
le petit ourson

Surveillant le fleuve
des sentinelles alignées
dans leurs habits verts

Surveillant le fleuve

pierres tombales

Sur pierres tombales
vois Labbé Pruneau Allaire
repos éternel

16

Niche de beauté
dont l'artiste fait l'éloge
fenêtre sur l'île

Des rampes de bois
pour glisser les goélettes
restent des vestiges

Combat de la vie
la forêt reprend l’espace
sur les rails du temps

Halte de Saint-Jean
face à face   un parc   l'église
repos ou prière

La maison de Dieu
sur la toiture   une échelle
vers le paradis

Voisinant l'église
tout près   la boulangerie
le pain et le vin

Sainte-Pétronille
tout au bout de la pointe ouest
c'est Québec en vue

Dans cette paroisse
nichent les amants de l'île
et ceux de la ville

Portes grandes ouvertes
un concert au crépuscule
foi en la musique

Grand Félix Leclerc
est-il assez grand pour toi
l'espace à ton nom ?

Peut-on y goûter
l'immensité de ton œuvre
l'âme du poète ?

Grandes ou petites
les six églises de l'île
toutes historiques

Grandes ou petites

La résurrection
d'un miracle sur la paille
fromage de l'île

Horatio Walker

Horatio Walker
ruelle et chenal étroits
l'atelier reclus

Plateau du Mitan
l'archipel de l'Isle-aux-Grues
Tiens ! L'île Madame !

Orléans s'embrase
un bras d'eau les sépare
Madame s'étire

Chevaux dans les champs
broutant   surtout ignorant
qu'ils sont insulaires

Longtemps équipiers
devenus bouches à nourrir
pour l'agriculteur

Comme palissade

Comme palissade
contre les indiscrétions
graminées touffues

Pour le jardinage
cœur   petits outils   soleil
comblent l’artisan

Aider la nature
lorsque le soleil insiste
verser un peu d’eau

Ah ! Ces insulaires !
À plein temps mi-artisans
mi-agriculteurs

À force de bras
enracinent leurs passions
à force de cœur

Île de quiétude
comme on égrène un chapelet
on en fait le tour

Écho solitude
ton pays de mosaïque
élève mon âme

Terre cultivée
la patate et le poireau
goûteront le fleuve

Sur le toit de l'île
ferme Beaulieu   dans les champs
Oups ! On fait   patates !

C'est le temps des fleurs
c'est le temps de la chaleur
le temps des senteurs

Les champs de labour
comme velours côtelé
senteur de la terre

Passent nonchalants
dans un essaim de voiliers
chalands et cargos

On fait mille fois
le tour de l'île et toujours
mille découvertes

La course de l'eau
la faveur de l'accalmie
les pas du silence

En visitant l'île
découvertes inépuisables
au moindre détour

Le Jardin des Arts
pour y cueillir la beauté
de mains virtuoses

L'océan des mots
la marée des amplitudes
musique du fleuve

Et tous ces nuages
sur une même portée
qui voyagent au loin

Semer la beauté

Semer la beauté
le fermier jour après jour
jamais ne se lasse

Sarcler

Sarcler et sarcler
ne garder que le plus beau
cultiver son âme

Quand on est nouveau
on se cherche un petit coin
pour être insulaire

Une entrée privée
et dans la cour intérieure
le jardin secret

Jaune et bleu cobalt
les fleurs sauvages de l'île
palette étonnante

Pignons de dentelle

Pignons de dentelle
reproduits par la nature
dans ses marguerites

Portail grand ouvert

Portail grand ouvert
entre culture et nature
balance le temps

Discret l’habitant
ajoute au jardin de fleurs
des pas accueillants

Bienvenue chez nous
notre maison est ouverte
notre cœur aussi

tous en fleurs

Vergers tous en fleurs
donneront pommes fraîches
de leurs vieux pommiers

Suivant l’horizon
les bâtiments aux toits rouges
glissent du coteau

Comme des enfants
jouant à saute-mouton
sous l’œil du soleil

Île de soleil

Île de soleil
ton foin blondit à l'été
ton automne est rouge

Terre prolifique

Terre prolifique
les couleurs de tes saisons
dessinent la vie

Les pommes

Les pommes sont vertes
pourtant une feuille tombe
en début d'été

Verger cidrerie

Verger   cidrerie
de la pomme sur la branche
au cidre de glace

Champs du paysan
alignées dans ses sillons
poussent des oies blanches

Silence d’hiver
cette saison sommeillante
mitonne l’été

En mai chantera
le vieux râteau oublié
son hymne au printemps

Pour le garder frais
goûteux chocolat de l'île
il y a l'hiver

Matin sous nuages
que des bateaux on entend
la corne de brume

Nature et culture
agriculture au pourtour
ceinture fléchée

Tricotés serrés
comme l'écharpe de laine
terre   ciel   et   mer

Habits du pays
protégeant du froid   du vent
ou de l'embarras

Petites maisons

Petites maisons
qui attendent les nouvelles
avec impatience

leur fantaisie

Par leur fantaisie
les boîtes aux lettres témoignent
du plaisir des gens

Témoin de l'histoire
Manoir Mauvide-Genest
gardien silencieux

Genest ou Hébert
jeux scène théâtre vie
s'enfilent les siècles

Terroir authentique

vin de glace et Fleur de Lyse

Isle de Bacchus

Terroir authentique

Jusqu'à l'horizon
de rangs en rangs   des cueilleurs
on surprend la fraise

Fête-Dieu

À la Fête-Dieu
s'en allait d'un bout à l'autre
le Saint-Sacrement

L'ostensoir

L'ostensoir parti
la minuscule chapelle
est maison d'artistes

Va-et-vient de l'eau
dans le fleuve   bien ancrée
Orléans se baigne

Et vague par vague
la vie toujours recommence
c'est une marée

Hommage à cette œuvre
qui se répète sans cesse
d'une vie à l'autre

84]

Grange de bois gris
essoufflée et vermoulue
momie nostalgique

Le ciel se déchire
le fermier rentre ses bêtes
car bientôt l'orage

L'orage passé
vaillant merle d'Amérique
déniche pitance

L’arbre et la maison
depuis cent ans vivent ensemble
racines liées

Humble maisonnette

Humble maisonnette
protégée par le grand orme
chevalier altier

Floraison vermeille

Floraison vermeille
le bougainvillier éclate
s’anime l’été

FABER

La valse à trois temps
le temps des sucres   des fraises
puis celui des pommes

Quatrième temps
attirée par la lumière
s'ajoute l'asperge

La valse au beau temps
celle de l'auto-cueillette
des fruits de la vie

Parfum d'orient
explosent des grappes mauves
lilas du printemps

Plus bas que la route

Plus bas que la route
plus élevé que le fleuve
l’abri de l’artiste

Grand fleuve argenté
comme tu vieillis parfois
quand tu fais des rides

Meurent sur la berge
rides imprimées à jamais
sur les crans de roche

Du sillon sur l'eau
seuls le cœur et la mémoire
auront souvenance

77B07341

des saisons

Au fil des saisons
ta beauté toujours m'émeut
j'y recouds mon âme

Amante exaltée

Amante exaltée
dont le charme sans relâche
est renouvelé

Les couleurs du peintre
la parole du poète
au cœur du voyage

Le parfum des fleurs
l'arôme frais du gazon
tissent notre route

Le repli secret

Le repli secret
après le travail aride
l’ombre souhaitée

Une véranda

Une véranda
se promène tout autour
doux enlacement

Un bon canotier

Un bon canotier
connaît le bois et la mer
comme fond de poche

Ma maison à l'île
à rompre tous les silences
j'y rêve et j'y rêve

Ces vaches broutent

Vois ! Ces vaches broutent
Pâturages de silence
guettant les bateaux

Pleurant en secret

Pleurant en secret
cet impossible voyage
mille fois rêvé

la rive nord

Sur la rive nord
c'est la côte de Beaupré
qu'on observe au loin

Cousins de la côte

Cousins de la côte
traversaient sur pont de glace
en mil neuf cent dix

Les croix

Les croix de chemin
qu'elles soient de fer   de bois
réclament prière

l'angélus

Déjà l'angélus
le paysan se recueille
sur son frais sillon

la retraite

Est-ce la retraite
ce bateau presque oublié
près de la chaumière

l'eau salée

Après l'eau salée
que l'eau douce de la pluie
la neige en hiver

Quand on quitte l'île
le cœur plein   c'est à regret
car notre âme y reste

Les oiseaux en vol
dans le ciel nous accompagnent
signe d'au revoir

Faber

Après des études en urbanisme à Harvard (Boston), Faber poursuit sa formation à l'Université Laval de Québec où elle obtient un M.B.A puis une Maîtrise en arts visuels.

Oeuvrant en illustration de mode, elle mérite une mention du *Newspaper Advertising Bureau* de New York pour l'excellence et l'originalité de sa production. Passionnée pour les grands espaces, elle réalise des illustrations, entre autres pour Parcs Canada et les Jardins Van Den Hende de l'Université Laval. Elle illustre aussi des pages couvertures de livres sur les îles du Saint-Laurent.

La nature, les fleurs, l'île d'Orléans où elle vit, l'inspirent et imprègnent ses œuvres. La lumière inonde ses aquarelles aux couleurs franches d'une nature vibrante et forte.

Ses aquarelles et ses toiles sont exposées dans plusieurs galeries et font partie de collections privées aussi bien au Québec qu'à l'étranger.

Lise Julien

Sentir mes racines
jusqu'à la cime de l'arbre
qui m'a donné vie

Originaire de Sillery en banlieue de Québec, avec le fleuve Saint-Laurent comme horizon, Lise Julien a toujours été attirée par la nature et par les arts.

Pour adoucir l'aridité du monde financier dans lequel elle a fait carrière, c'est en tant qu'auteure-compositeure-interprète qu'elle dessine mots et musique. Une de ses œuvres a été primée au concours « Chansons sur mesure » de Radio-Canada tenu au Québec, en France, en Belgique et en Suisse.

Toujours pour le plaisir de la création et de l'écriture, elle s'exprime à travers la poésie sous toutes ses formes, notamment dans sa tradition japonaise, le haïku.

Œuvres

Le chemin
Productions Annalise, Québec, 2001 (Disque compact)

Inlassablement amoureuse
Productions Annalise, Québec, 2004 (Recueil de haïkus)

Il suffit d'un grain de sable
Éditions de la Francophonie, Lévis, 2005 (Collectif de haïkus)

Marc Lebel

Crayon calepin
à la recherche de soi
laisser une trace

Chansonnier dans les années 70, Marc Lebel n'a cessé de se laisser porter par l'écriture « Comme la plume au vent ... » et d'en expérimenter les formes diverses : chansons, poèmes, nouvelles, fables, épigrammes ou récits.

Avec Anne Peyrousse il découvre le haïku, à son avis la meilleure forme d'écriture pour accueillir et cueillir le moment présent.

Œuvres

Marc Lebel - Un de plus
Éditions RM, Cap-de-la-Madeleine, 1971, (Disque 33 tours)

Sa moustache me dit quelque chose
Québec, 1990, (Enregistrement audio)

Chansons westfaliennes
www.mlebelm.chron.ca (Édition électronique)

L'Isle-verte
Les Presses d'Amérique, Montréal, 1993 (Roman)

De l'une à l'autre
Arion, Québec, 1997, (Collectif de nouvelles)

Il suffit d'un grain de sable
Éditions de la Francophonie, Lévis, 2005, (Collectif de haïkus)

Au
Éditions de la Francophonie, Lévis, 2006, (Calepin de haïkus)